AF555656

ITINERAIRE

OU

JOURNAL EXACT

DU DÉTACHEMENT DE LA GARDE NATIONALE DE ROUEN;

Qui s'est rendu à la Fédération de Chartres, rédigé & lu, le 21 Juin 1790, par FRANÇOIS-ANTOINE DELAFOND, *Avocat & Secrétaire de l'Intendance de Rouen, dans une Assemblée de tous les Freres d'Armes qui ont fait avec lui ce voyage intéressant.*

Je n'ai rien dit de trop ; mais j'en ai dit assez.

A ROUEN,

Chez veuve LAURENT DUMESNIL, rue neuv. S. Lo, vis-à-vis le Prieuré.

1790.

ITINÉRAIRE

OU

JOURNAL EXACT

Du détachement de la Garde Nationale de Rouen, qui s'est rendu à la Fédération de Chartres, rédigé (1) *& lu par* FRANÇOIS-ANTOINE DELAFOND, *Avocat & Secrétaire de l'Intendance de Rouen, dans une Assemblée de tous les Freres d'Armes qui ont fait avec lui ce voyage intéressant.*

SUR l'invitation de la Garde Nationale de Chartres, à la Garde Nationale de Rouen, de se rendre à la Fédération qui devoit avoir lieu dans la premiere de ces Villes le 9 Juin 1790, il se forma dans la derniere un détachement d'environ soixante hommes d'Infanterie, & douze de Cavalerie. Les uns

(1) Ce n'est que pour se rendre aux instantes sollicitations de ses Freres d'Armes, que Delafond a ajouté le mot *rédigé*, & ses qualités civiles.

partoient comme Députés de leur Compagnie, les autres comme Volontaires. Le même esprit conduisoit tous ces Freres d'Armes à Chartres, & l'accord qui n'a cessé de régner entr'eux pendant l'aller & le retour, est une preuve que le feu du patriotisme brûloit également dans leurs cœurs, & que la plus tendre fraternité en étoit l'aliment. Nous donnerons à la suite de ce Journal les noms des généreux Patriotes qui formoient le Détachement : leur union existera lors même qu'ils seront séparés individuellement. Les liaisons que forme le parfait civisme, sont peut-être encore plus durables que celles de l'amitié. C'est dans cette conviction que nous allons rendre compte de ce qui s'est passé, & de ce qui nous est arrivé pendant un voyage de quinze *jours*. Il sera aisé de juger, d'après toutes les particularités que nous raconterons avec franchise, que si nous en omettons quelques-unes, c'est que celles-ci ne comportent pas un grand intérêt.

Qui que vous soyez, amis ou détracteurs, lisez & jugez nous. Notre confiance pour n'être pas déterminée, à l'égard des uns & des autres, par les mêmes motifs, n'en est pas moins grande. Elle nous fait compter sur l'indulgence de nos Freres d'Armes, & nous donne le courage de braver les discours des critiques & des méchants.

Le 2 Juin 1790, sur les quatre heures du soir, le détachement de la Garde Nationale de Rouen se rendit aux Cordeliers.

Les Commissaires de notre Comité de Correspondance & de Fédération, remirent à notre Capitaine & Camarade Viel, les pouvoirs nécessaires à notre Mission, & un Réglement, contenant plusieurs articles de discipline, pour l'ordre & la sûreté de notre marche. Notre Commandant nous en fit lecture. Nous prêtâmes serment de l'observer. Nos Officiers à leur tour, se lierent également envers nous.

M. d'Herbouville, notre Colonel, nous passa ensuite en revue, & donna l'ordre du départ pour le lendemain, à quatre heures du matin.

Le Détachement, conformément à cet ordre, se rendit à l'heure indiquée dans le cloître des Cordeliers, où le Pere Dury, notre Aumônier, lui donna un déjeûner militaire.

Tous les Freres d'Armes sont entrés ensuite en ordre dans l'Eglise de ces Religieux, où ils ont entendu la Messe & assisté à la bénédiction du Fanion, qui devoit leur servir de guide & les faire reconnoître sur la route. Après cette cérémonie, l'Avant-Garde, composée de deux Sous-Lieutenants, d'un Sergent-Major, chargés du détail du Détachement, d'un Caporal & de quatre Fusiliers, s'est mise en marche, précédée d'un Tambour, & accompagnée d'un grand nombre de Citoyens de tout sexe & de tout âge, qui l'ont conduite jusqu'au fauxbourg d'Eauplet, où elle reçut la permission de marcher à volonté. Elle fit route ainsi, sans rien rencontrer, jusqu'au pont par lequel on entre dans la ville de Pont-de-l'Arche. Parvenue au milieu de ce pont, elle se mit en ordre & marcha, pas de route, jusqu'à la porte de la Ville, où elle se mit au pas ordinaire. La Garde Nationale de cette Ville ne s'attendoit pas de si-tôt à cette arrivée. Dès qu'on apperçut notre Avant-Garde , un Tambour battit l'assemblée. Les Gardes Nationaux n'eurent pas le temps de se rassembler pour la recevoir ; mais le détachement de Dragons-Dauphin , en garnison au Pont-de-l'Arche, sortit du corps-de-garde, & se mit sous les armes. Notre Avant-Garde, portant les armes , défila devant la troupe de ligne , & fit halte à quelque distance, pour se rafraîchir. Elle sortit en ordre , une demi-heure après , de la Ville , après avoir reçu les excuses des Gardes Nationau xde Pont-de-l'Arche , qui lui annoncerent qu'ils alloient attendre leurs Freres d'Armes de Rouen.

Il n'est pas, je crois, tout à fait inutile d'observer que cette Garde Nationale n'avoit point alors d'uniforme , & qu'elle est, par cette raison sans doute, la seule de celles que nous avons trouvées sur la route, qui ne se soit pas rendue à la Fédération Chartraine.

Le gros de notre Détachement s'est rendu, après la Messe, au Vieux-Palais, où le Commandant a fait un appel général. Nous avons vu avec peine qu'il manquoit deux de nos Camarades, qui s'étoient engagés la veille à partir avec nous. Le récit de notre voyage sera leur seule punition : elle est , sans doute, bien suffisante.

Il étoit près de six heures du matin quand notre Détachement sortit de Rouen. Nous marchions sur trois files. Nous étions accompagnés d'une foule innombrable de Citoyens, & d'un grand nombre de nos Freres d'Armes, qui regrettoient de ne pouvoir nous ſuivre, & formoient les vœux les plus ardents pour que nous fiſſions un voyage heureux. Beaucoup d'entr'eux nous firent la conduite juſqu'au Port-Saint-Ouen. Arrivés dans cet endroit, nous rencontrâmes la proceſſion du Saint Sacrement. Notre Commandant nous fit former une double haie, pour la laiſſer paſſer, & nous reçûmes la bénédiction en Militaires. Nous continuâmes enſuite notre route. Nous ſommes entrés dans le Pont-de-l'Arche deux heures après notre Avant-Garde. Nous avons été reçus avec les honneurs militaires, par la Garde de cette Ville.

Notre Avant-Garde, à l'approche de Louviers, fut arrêtée, par un poſte avancé, auquel elle ſe fit reconnoître. Au ſecond poſte, elle trouva un Détachement de nos Freres de Louviers, qui, après l'avoir également reconnue, donnerent l'accolade fraternelle & le baiſer de paix, à tous ceux qui la compoſoient, & les conduiſirent, en ſe mêlant avec eux, juſqu'à la demeure de M. Frigard, l'un des Commandants de la Garde de Louviers, où ils trouverent les meilleurs rafraîchiſſements, & un déjeûner compoſé de tout ce que la ſaiſon peut offrir d'agréable.

C'eſt ainſi que le gros du Détachement a été reçu, avec la différence cependant que nos Freres de Louviers, inſtruits de ſon arrivée, ont été le recevoir plus loin, & lui ont offert & procuré des rafraîchiſſements avant d'entrer dans la Ville, dans un endroit connu ſous le nom de la Fringale.

Une foule de Citoyens s'eſt précipitée au-devant de

notre Détachement, qui a été accueilli à l'entrée de la Ville, aux acclamations de tous les bons Patriotes, par les Officiers de la Municipalité, & complimenté par le Maire, en habit cérémonial.

Nous obſerverons ici que nous avons déféré l'honneur du commandement à tous les Commandants de nos Freres d'Armes qui ſont venus au-devant de nous, & qu'après les compliments d'uſage, dont le ton de la fraternité corrigeoit toutefois la ſéchereſſe & la monotonie, tous nous ont fait le plaiſir de l'accepter.

Les Citoyens de Louviers ont fait l'accueil le plus gracieux à tous nos Camarades, qui, pendant toute la journée, ont eu la ſatisfaction de jouir du plaiſir que leur préſence ſembloit répandre dans la Ville. Un grand nombre d'entr'eux ſe propoſant, dans la ſoirée, d'aller ſe rafraîchir dans une maiſon publique, M. Frigard, qui nous avoit ſi bien reçu le matin, ne voulut pas le permettre : il les engagea à venir chez lui ; il les y entraîna, & leur fit ſervir, avec autant d'empreſſement que de cordialité, tous les rafraîchiſſements qu'ils pouvoient déſirer.

Le lendemain 4 Juin, notre Avant-Garde partit à quatre heures du matin. Après avoir fait halte, environ une demi-heure, à moitié route, dans un village appellé les Planches, elle ſe remit en marche pour Evreux. C'eſt le ſeul jour où nous ayons eu de la pluie pendant trois quarts-d'heure environ.

Nous arrivâmes à Evreux une heure après notre Avant-Garde, & comme la réception qu'on lui a faite est absolument semblable à celle de notre Détachement, nous n'en ferons pas de distinction.

A une grande distance de la Ville, nous avons rencontré un nombreux détachement de la Garde Ebroïcienne, ayant à sa tête tous les Officiers. Chacun d'eux étoit sans armes ; ils nous aborderent en nous disant : *que sachant que c'étoient des amis & des Freres qui s'avançoient vers eux, ils avoient cru devoir venir à leur rencontre sans armes, & conserver leurs bras entiérement libres pour les y mieux recevoir.* On se prodiga alors des témoignages réciproques de la plus tendre fraternité. Des larmes d'attendrissement couloient de tous les yeux, & tous les cœurs sembloient se confondre par la plus douce effusion. Combien de pareilles sensations font chérir l'existence ! Qui ne désireroit être Citoyen d'un Empire dont les Habitants sauroient s'en procurer souvent de semblables !

Nos Freres d'Armes d'Evreux ajouterent à la délicatesse de leurs procédés, en nous demandant à nous soulager du poids de nos armes : c'est en vain que nous aurions voulu nous défendre de leur donner cette peine ; nous avons cédé, bien convaincus, d'après notre cœur, que nous les aurions privés d'un grand plaisir si nous nous fussions obstinés à ne pas la leur laisser prendre. Ils ne nous les rendirent qu'à la porte de la Ville, où nous entrâmes en ordre.

Nos logements à Evreux ont été aussi commodes que ceux que nous venions d'occuper dans Louviers. Les fatigues du voyage sont bientôt oubliées quand on eſt reçu par des hôtes dans leſquels on trouve des Freres & des amis.

Le Prince de Bouillon, qui habite ſon château de Navarre, à quelques diſtances d'Evreux, inſtruit de notre arrivée, a fait inviter à dîner quatre Officiers, deux Sergents, deux Caporaux & deux Fuſiliers de notre Détachement. Il étoit impoſſible de ſe refuſer à cette invitation faite par un Prince *Patriote*, & nous avons été déterminés par cette derniere conſidération à l'accepter. Dix de nos Freres d'Armes, ayant les grades ci-deſſus déſignés, ſe ſont donc rendus au château. Le beſoin de repos retint chez lui notre Commandant. Notre Capitaine en ſecond le remplaça, & eut l'honneur de donner la main à la Princeſſe, & d'être placé à ſa droite à table. Nos autres Camarades étoient alternativement placés auprès des Dames invitées à ce repas.

Le Prince fit les frais de la converſation ; il étoit d'une gaieté ſi naturelle & ſi franche, qu'euſſions-nous été encore dans les temps où le préjugé de la naiſſance ſuffiſoit pour en impoſer même aux hommes qui ſentoient le mieux leur propre dignité, il étoit impoſſible de ne pas ſe trouver à ſon aiſe.

Pluſieurs perſonnes qui étoient alors au château, & qui font ordinairement la compagnie du Prince, eurent l'honnête complaiſance de nous céder leurs places, & de ſe mettre à une table qu'on dreſſa pour elles dans un des coins de la ſalle.

Il faut croire que bientôt de ſemblables remarques n'auront aucune importance ; nous ne les faiſons que parce que nous penſons qu'elles en ont encore un peu aujourd'hui.

Sur les ſix heures du ſoir on vint offrir, de la part du Prince, à un grand nombre de nos Freres d'Armes, qui ſe repoſoient ſur les gazons des avant-cours, de les conduire & de leur montrer ce que les jardins ont de plus curieux. L'un de nous ayant répondu que nous ne croyons pas devoir accepter une propoſition auſſi gracieuſe avant d'avoir ſalué le Prince, & lui avoir préſenté nos remerciements, nous vîmes bientôt M. de Bouillon, auquel on avoit été faire part de notre réponſe, s'avancer vers nous, en nous appellant ſes Freres & ſes Camarades; titres également honorables pour ceux qui les reçoivent & pour ceux qui les donnent.

Celui de nous que nous avions prié de porter la parole, lui dit alors : » mon Prince, nous ſommes » tous bien perſuadés que nos Freres d'Armes, qui ont » eu l'avantage d'être aſſis à votre table, vous ont » préſenté les vœux & les hommages de tout notre » Détachement. Nous n'avons cependant pas cru » pouvoir nous diſpenſer de venir nous-mêmes vous » en donner l'aſſurance. Les Princes Patriotes doi- » vent compter ſur l'attachement & le reſpect des » bons Français. C'eſt à ce titre que nous vous prions » d'agréer les ſentiments qui nous amenent vers vous, » & de recevoir tous nos remerciements de l'accueil » que vous nous faites. Nous allons, maintenant que » nous vous en avons témoigné notre reconnoiſſan- » ce, profiter avec plus de ſatisfaction de l'offre que

» vous avez la bonté de nous faire de parcourir vos » jardins & de voir ce qu'ils renferment de plus cu- » rieux. «

Le Prince, en répondant à ce compliment, nous a témoigné combien il regrettoit de n'avoir pu nous avoir tous à dîner. Il nous y a invités pour notre retour, en ajoutant plaisamment que si quelques-uns de ses Camarades y manquoient, il écriroit à leur Commandant de les faire mettre à la lanterne. » Prince, lui répliqua l'Interprete de nos sentiments, » nous sommes trop jaloux de l'honneur que vous » nous faites pour ne pas l'accepter ; ce n'est point » votre menace qui nous y détermine ; les bons Pa- » triotes n'ont pas à en redouter l'effet. « Après quelques réparties sur le même ton, nous avons pris congé du Prince, qui s'est excusé de ne pas nous accompagner plus loin, en nous disant que quand il étoit descendu il avoit bien de la peine à remonter ; il recommanda de nouveau, & d'une maniere très-instante, à son Intendant de nous conduire dans tous les jardins. Cet ordre a été exécuté avec autant de bonne grace que d'exactitude. Nous avons prolongé la promenade jusqu'à la nuit ; nous croyons pouvoir nous dispenser de donner la description des objets qui ont le plus frappé notre attention. Il suffit, je pense, de dire qu'il y en a beaucoup qui méritent d'être vus, & qui sont dignes d'appartenir à un Prince à qui ses grandes richesses donnent la facilité d'exécuter les idées d'une imagination brillante & éclairée par le bon goût.

Il n'a pas moins fallu que la voix de notre devoir, & que la perſpective du but vers lequel nous ne pouvions marcher avec trop de rapidité, pour réſiſter aux preſſantes ſollicitations qui nous ont été faites ſucceſſivement de prendre ſéjour à Louviers & à Evreux, & pour nous conſoler de notre prompt départ pour Nonancourt.

C'étoit notre troiſieme & notre plus longue journée de marche ; elle nous a paru la plus pénible, Nous n'étions attendus dans cet endroit que l'après-dînée. Notre Avant-Garde n'a été reçue que par le Commandant, que quelques Habitants ont couru avertir de ſon arrivée. Que d'activité & d'empreſſement n'a-t-il pas mis pour être en état de [illegible] ſes Freres d'Armes convenablement & d'a[illegible] inſpirations de ſon cœur ! Toute la Garde Nationale de Nonancourt étoit ſous les armes à l'arrivée de notre Détachement. L'appareil militaire qui porte toujours une idée trop impoſante pour des Compatriotes étoit tempéré par l'aſpect des énormes bouquets qui furent diſtribués à tous nos Freres d'Armes. Les fleurs déroberent bientôt la vue des baïonnettes ; nous annonçions ainſi que nos amis ne doivent pas redouter nos armes, que nous ſommes diſpoſés à répandre au moins les charmes de la conſolation ſur les maux inſéparables de l'humanité, & à préférer les douceurs d'une vie champêtre à la gloire des Guerriers.

C'eſt dans cet eſprit que nous ſommes entrés à Nonancourt. Arrivés ſur la principale place, on nous a distribué nos billets de logement. Nous devons dire que nos Officiers chargés de cette partie se sont acquittés de leur emploi en bons Camarades. Nous leur en renouvellons aujourd'hui tous nos remerciements. Ce n'est que de Dreux à Chartres que nous avons cessé d'avoir une Avant-Garde particuliere. Nous n'en avons pas eu besoin au retour ; nous étions tous invités par nos hôtes à reprendre les mêmes logements, & aucun d'eux n'avoit été refusé.

Nous sommes encore sur la place de Nonancourt. A peine avions-nous quitté nos fusils que nous nous mîmes à danser en rond avec nos sabres & nos gibernes. Le cercle que nous formions s'étendoit à chaque instant par l'arrivée des Patriotes qui se réunissoient à nous à l'envi les uns des autres. Le beau sexe de Nonancourt ne craignit pas de joindre ses mains délicates à nos mains endurcies par le port de nos armes ; & à la légéreté de nos pas, si nous n'eussions été couverts de sueur & de poussiere, on n'auroit certainement pas dit que nous venions de faire sept grandes lieues de route, exposés à toute l'ardeur du soleil. Mais tel est l'effet, nous l'avons éprouvé plus d'une fois dans notre voyage, tel est l'effet des jouissances de l'ame, qu'elles donnent du ressort aux facultés physiques, & sont les remedes les plus sûrs & les plus prompts qu'on puisse employer pour se refaire de ses fatigues. Le détail qui nous reste à faire sur notre séjour à Nonancourt sera sans doute une preuve de notre assertion.

Nos Freres de Nonancourt nous inviterent, de

la part de madame de Saint-Ean, à nous rendre au château de Saint-Lubin. On ne nous laiſſa que le temps de faire une toilette que notre ſanté exigeoit autant que la propreté, & nous voilà partis, donnant chacun le bras aux Dames, que notre honnêteté raſſuroit contre notre air guerrier.

Nos Freres de la Légion Rouennaiſe arrivoient à Nonancourt comme nous allions au château de Saint-Lubin. A cette nouvelle tous ceux d'entre nous, qui ne conduiſoient pas de Dames, de revenir ſur leurs pas.... Nous ne ſaurions dire qui de nos Freres de Nonancourt, ou de nous mirent le plus d'empreſſement à aller recevoir nos braves Cavaliers.... Ils ſont ſur la place, ils deſcendent de cheval; nous ſautons à leur cou.... Ils étoient partis plus de vingt-quatre heures après notre Infanterie.... Combien nous leur fimes de queſtions ſur l'état dans lequel ils avoient laiſſé la ville de Rouen, ſur la réception qu'on leur avoit faite dans les endroits où ils avoient paſſé! Ils répondirent à la premiere de nos queſtions de la maniere la plus propre à nous tranquilliſer, & ſur la ſeconde ils ne nous dirent que ces mots ſi expreſſifs & ſi doux à entendre : nous avons été reçus comme vous, nos Freres.... Ah ! nous en étions bien perſuadés! nos queſtions à cet égard n'étoient pas l'effet du doute, mais plutôt celui d'un reſſouvenir agréable.... Depuis ce moment nos Cavaliers ne nous ont pas quittés..... Nous pouvons dire qu'ayant été à portée de faire entre nous une connoiſſance plus intime, nous avons conçu les uns pour les autres une eſtime & une amitié auſſi durables que la mémoire du ſerment que nous avons fait au camp de Fédération de nous ſecourir mutuellement. Si nous euſſions eu beſoin d'exemple d'exactitude & de déférence aux ordres de nos Chefs pendant tout le voyage, nous l'aurions reçu de ces chers Camarades.

Ils étoient bien fatigués quand ils arriverent à Nonancourt.... L'un d'eux fut obligé de ſaigner ſon cheval ſur la place.... Mais ils avoient notre ame, mais ils avoient notre cœur.... On ſe hâta de conduire leurs chevaux dans des écuries commodes & bien garnies des meilleurs fourages.... Dès qu'ils eurent eſſuyé leurs premieres ſueurs, on les invita de venir au château de Saint Lubin, & ils accepterent ſur le champ la propoſition. Tous les Freres d'Armes qui y étoient déjà ſe placerent ſur deux lignes, & l'épée ou le ſabre nu à la main, reçurent à l'une des entrées du parc, avec les honneurs qui leur étoient dus, nos chers Légionnaires, qui étoient accompagnés de tous ceux qui avoient pu courir au-devant d'eux à leur arrivée dans la Ville.

Il n'eſt pas un ſeul de nous, je crois, qui ne ſe ſoit rendu au château de S. Lubin, château auſſi agréable par ſa ſituation que par l'entretien & la décoration des promenades, dans leſquelles madame de Saint-Ean nous accompagna. Nous avons trouvé dans l'un des boſquets, plantés par le célebre le Noſtre, des rafraîchiſſements de toutes eſpeces, auxquels nous avons eu recours, après avoir fait, au ſon du tambour, une ronde & des paſſes militaires, dans lesquelles madame de Saint-Ean & toutes les Dames présentes à la fête ont voulu figurer. Il y a eu ensuite bal champêtre jusqu'à minuit.

Madame de Saint-Ean nous fit promettre, avant de prendre congé d'elle, & l'on croira aisément que nous nous y sommes engagés avec plaisir, de venir à notre retour visiter de nouveau le château de Saint Lubin. C'est en acceptant les invitations de ce genre, qui nous ont été faites par-tout où nous avons passé, que nous avons cru pouvoir prouver combien elles nous étoient gracieuses, & en témoigner notre reconnoissance aux personnes qui nous les faisoient.

Nous n'oublions pas que la Garde Nationale de S. Lubin étoit réunie à celle de Nonancourt. Ces deux Municipalités sont absolument contiguës, & de leur rapprochement local on peut augurer de l'identité de leurs opinions & de leurs sentiments. C'est à nos Freres de S. Lubin que nous devons les bouquets qui ont été distribués à notre entrée dans Nonancourt. Ils n'auront, sans doute, que des fleurs à cueillir en venant à notre Fédération, où ils nous ont bien promis de se rendre.

Le lendemain, c'étoit le 6 Juin, notre Avant-Garde, toujours active & infatigable, part à cinq heures du matin pour Dreux. Nous étions en marche une heure après elle. Nous n'avions que trois lieues à faire pour arriver au coucher de la quatrieme journée. Cette réflexion n'avoit pas peu contribué à nous permettre de nous livrer aux plaisirs de la veille. Notre premiere attention étoit toujours de nous conferver les forces néceffaires pour bien remplir notre miffion. Le devoir a toujours commandé à nos plaifirs. Sans autres obfervations, arrivons à Dreux.

Notre Avant-Garde pénetre dans la Ville fans être arrêtée. On s'attendoit à ne voir arriver notre Détachement qu'à trois heures de l'après-dînée. Ce n'eft pas le feul endroit que nous ayons furpris (témoin Nonancourt) par la célérité de notre marche. Mais au premier bruit de notre approche , nos Freres d'Armes , qui connoiffoient au moins le jour de notre arrivée , étoient bientôt prêts à marcher à notre rencontre : ils s'y difpofoient , peut-être, au moment même que nous nous mettions en marche de notre côté pour nous rendre auprès d'eux. Avec de telles précautions, les furprifes n'occafionnent ni tumulte, ni dérangement , ni mécontentement. Auffi n'avons-nous qu'à nous louer de la réception de nos Freres de Dreux , qui, malgré le grand nombre des Détachements qu'ils recevoient le même jour que le nôtre, & la cérémonie de la proceffion de la Fête-Dieu, à laquelle ils ont affifté, fe font tellement multipliés, & fe font fi bien diftribués les poftes, qu'aucun de leurs Freres d'Armes , même en particulier , ne s'eft apperçu de leurs grandes occupations & de la fatigue de leur fervice. Ils doivent compter fur l'étendue de notre reconnoiffance : nous avions tellement à nous féliciter de leur bon accueil , & du traitement fraternel des hôtes qui nous ont reçu , que s'il nous refte encore un regret, c'eft de n'avoir

voir pu reprendre notre route par leur Ville, lors de notre retour à Rouen, & de n'avoir pas été à portée de leur témoigner les sentiments qu'ils nous ont inspirés, & dont ils nous procureront, sans doute, le plaisir de leur renouveller l'assurance le 29 de ce mois.

Pour nous mettre en route avec les vingt & un Détachements des Gardes Nationales, dont le rendez-vous & la réunion étoient à Dreux, nous avons renoncé au désir que nous avions eu d'abord de partir à deux heures du matin pour arriver à Chartres avant la grande chaleur. C'étoit pour nous la cinquieme journée de marche. Nous pouvions peut-être chercher à diminuer nos fatigues; mais il s'agissoit de partir en corps avec des Freres: toute autre considération cessa d'avoir la moindre importance pour nous. Il étoit cinq heures du matin quand nous sortîmes de Dreux. Comme parmi nous il n'y a & ne doit pas y avoir de préséance arbitraire, le sort décida le rang des Détachements pendant la route. Le N° 7 échut au nôtre. Toutes les places sont également honorables quand on les occupe parmi ses Freres & ses Amis.

Le commandement des Détachements a été déféré par acclamation des Officiers, à M. Hugo, Chevalier de S. Louis, ancien Lieutenant-Colonel, & Commandant en second de la Garde Nationale d'Evreux. Il choisit pour son Aide-de-Camp M. Berry, Lieutenant de notre Détachement.

Mais qui nous arrête dans notre marche & nous

oblige à nous mettre en bon ordre ? Nous ne voyons devant nous qu'un petit Village, qui n'a pas, sans doute, la prétention de s'opposer à notre passage.... Nous avons été si bien accueillis sur le reste de la route, que nous ne devons pas avoir un tel soupçon.... Non, non, nous ne le concevons pas. Nous ne nous mettons en bataille que pour répondre aux honneurs que nous font de nouveaux Amis, de nouveaux Camarades.....

Tous les Cultivateurs de Marville-Moitié-brûlé, c'est ainsi que s'appelle le Village que nous appercevions, sont sous les armes ; les uns en veste, les autres en habit ; ceux-ci ont des chapeaux, & ceux-là des bonnets : tel a un fusil, & tel un pistolet : on voit même jusqu'à de longues & antiques canardieres. Eh ! qu'importe le costume & l'espece des armes !.... Nous n'appercevons que des hommes précieux, de bons Français. Nous sommes sensibles à leur accueil ; nous les embrassons, eux, leurs femmes & leurs enfants, & la décharge de leur mousqueterie ajoute au bruit de nos acclamations. On doit aimer à se faire entendre de loin en pareille occasion.

Nous sommes éloignés d'une demi-lieue de Marville. Quel est ce petit grouppe qui nous attend à notre passage ? La décharge de la mousqueterie de Marville & nos cris d'alégresse ont-ils attiré quelques curieux des environs ?...... Approchons..... C'est une famille entiere de Laboureurs. Elle est accourue de Neuville-sur-Marre, paroisse de Gironville, pour voir ſes amis & ſes défenſeurs. Elle nous préſente deux de ſes enfants, dont le plus âgé n'a pas dix ans; ils portent déjà le mouſquet..... mais leur pere nous aſſure qu'il les inſtruira encore à conduire la charrue..... Rendons graces à la révolution! béniſſons cette famille, elle nous offre des Guerriers-Cultivateurs.... Héros, Citoyens de Rome! croyez-vous qu'un jour vous ne ſerez pas enfin ſurpaſſés par les vertus civiques & le courage des Français? Nous croyons embraſſer aujourd'hui ceux qui pourront au moins vous égaler; & nous nous paſſons ces enfants dans les bras les uns des autres.

Des incidents de ce genre abregent la longueur de la route. Nous nous ſommes convaincus de cette vérité en faiſant celle de Dreux à Chartres, dont nous avons perdu de vue les clochers, qui s'apperçoivent à plus de ſix lieues à la ronde par tous les autres voyageurs.

Nous voici dans un des fauxbourgs de Chartres. Les Citoyens Guerriers qui en gardent l'entrée crient ſur nous le qui vive? nous nous faiſons reconnoître, & nous ſommes accueillis avec les honneurs de la guerre, tempérés par les témoignages de la plus parfaite cordialité... Reprenons nos rangs, d'où nous ſommes ſortis pour recevoir & rendre des embraſſements. Il faut entrer dans la Ville, que notre contenance doit raſſurer, & qui doit voir en nous des Défenſeurs intrépides, ſi jamais elle eſt menacée de quelques dangers... Contenons les élans de notre cœur juſqu'à ce que nous puiſſions partager les tranſports d'alégresse & d'amitié qui se manifestent autour de nous... Ce beau moment arrive... Nous sommes en face de l'Hôtel-de-Ville... Nous posons les armes... On nous distribue nos billets de logements... La ville de Chartres a donc le bonheur d'avoir pour Citoyens un grand nombre de Patriotes ?... L'accueil & le traitement que nous recevons de nos hôtes nous donnent cette douce conviction... Heureuse Ville ! reçois l'hommage de notre gratitude ; nous n'oublierons jamais que, malgré la multitude des Freres d'Armes & des étrangers qui se rendoient, en même temps que nous, dans ton sein, nous y avons trouvé les logements les plus agréables & les plus commodes ! Nous rendrons le réciproque à ceux de nos Freres qui viendront nous visiter à leur tour... Freres & Camarades de Rouen, aidés vos Représentants à s'acquitter dignement d'une aussi belle dette !

Dès le soir même de notre arrivée à Chartres nous nous sommes rendus, sur les sept heures, chez notre Commandant, qui nous a fait lecture du plan des cérémonies & de la police qui devoient être observées à la Fédération. Pour nous conformer à l'art. IV de ce plan, nous avons procédé, par la voie du scrutin de liste simple, à la nomination de nos deux Députés, qui devoient, réunis à ceux des autres Détachements des Gardes Nationales, concourir à la rédaction du Pacte fédératif, de la formule du Serment & des Adresses à l'Assemblée Nationale & au Roi. Notre Commandant, & notre Frere d'Armes Asselin, ont obtenu la pluralité des suffrages.

Ils devoient se rendre le lendemain , sur les huit heures du matin, au Comité de Fédération... Mais notre Capitaine & Camarade Viel, ayant considéré que les fonctions de Député le priveroient de l'avantage de commander notre Détachement, & voulant d'ailleurs donner une preuve d'estime & de fraternité à nos Freres de la Légion Rouennaise, nous témoigna qu'il désiroit que nous nommassions le Camarade Prével à sa place. Les sentiments de notre Commandant deviennent sans peine les nôtres, & par acclamation nous nommons le Frere Prével pour le remplacer. Quel est celui de nos lâches détracteurs, qu'un tel procédé n'obligera pas à convenir que la plus parfaite union, fondée sur les bases d'une estime réciproque, n'a pas cessé de régner parmi nous ? C'est de l'égalité que nait le plus bel accord parmi les hommes. Nous n'avons qu'à nous féliciter de nos Commissaires. Ils ont rempli notre attente & comblé notre espérance. Ce qui s'est passé dans le Comité de la Fédération Chartraine, & ce qui fait l'objet du rapport de nos Députés est consigné dans les procès-verbaux particuliers que nous avons remis à notre arrivée à MM. de la Municipalité & au Commissariat de notre Garde Nationale. La Municipalité de Chartres doit d'ailleurs lui donner la publicité par la voie de l'impression. Nous ne le rapporterons pas ici ; il nous tarde d'arriver au plus beau jour de notre vie , au jour qui a réuni sous le même étendard tant de Citoyens armés pour garder la Patrie contre les perfides intentions de ses ennemis ; pour maintenir les loix contre les novateurs & le pouvoir arbitraire ; pour défendre & maintenir sur son trône leur Roi, l'objet de leur amour & de leur vénération.

Le neuf Juin l'Armée fédérative, composée de 1,904 Citoyens représentants 62 Gardes Nationales, plus de 50,000 hommes qui ont député à la Fédération, & de toute la Garde Chartraine, s'est rendu au Camp, dans le même ordre qu'elle y avoit été la veille, pour reconnoître la place que chacun de ses Détachements devoit y occuper. Le sort avoit donné la quatorzieme à notre Détachement. La Cavalerie, dont les Dragons de la Colonel-Général, en garnison à Chartres, formoit la plus grande partie, marchoit en avant. Une partie de la Garde Chartraine étoit à la tête de l'Armée, & l'autre fermoit la marche.

Nous devons payer ici le tribut de nos justes regrets aux victimes des deux accidents qui ont précédé la célébration de l'auguste cérémonie, dont nous reprendrons ensuite le récit intéressant sans l'interrompre.

Avant d'arriver au Camp, M. de Peteil, Major de la Garde Nationale Chartraine, tombe sous son cheval & se casse la jambe. On vole à son secours, on le releve, on le transporte chez lui : ceux qui l'entouroient paroissoient plus affligés que lui de son propre malheur. Que les vœux sinceres que nous formons pour son rétablissement s'accomplissent, nous apprendrons bientôt qu'il est hors de danger & qu'il ne se ressent plus d'un accident aussi cruel!

Son premier Aide-Major le remplace, & la marche n'est point interrompue.

Déjà nous avions pris nos places au Camp. Les canons qui avoient précédé l'Armée n'attendoient que la meche enflammée pour faire entendre le signal, qui devoit annonçer au loin le commencement de la cérémonie... Cette meche fatale ap‸roche, & le premier canon sur lequel tombent ses étincelles, ne pouvant résister à l'explosion, se partage en éclats. Un des deux Canoniers est frappé dans le haut de la cuisse. On dit qu'il est mort deux jours après de sa blessure. Mais c'est sur le champ même qu'un Cultivateur des environs de Chartres a reçu le coup de la mort, par un éclat de ce canon, qui l'a atteint au front & l'a renversé derriere nos Cavaliers.... Chers & braves Freres, nous frissonnons encore du danger que vous avez couru. On ne revient pas aisément des alarmes que cause le péril où ses amis ont été exposés, & dont ils ont été si près d'être les victimes.

Notre carriere est fixée; il est impossible d'en reculer les bornes, mais il est consolant, sans doute, en la terminant, d'être témoin de la régénération de sa Patrie, & du retour de la félicité publique, fondée sur l'égalité que mettent entre tous les hommes la nature & la raison. On meurt avec l'espoir qu'un jour ses descendants seront plus heureux qu'on ne l'a été soi-même. Cher Concitoyen, que le trépas a enlevé au milieu de tes Freres, la perte de la vie a dû t'être moins sensible, si tu as pu concevoir cette espérance avant de descendre au tombeau; si tu as pu savoir que la Municipalité, que nos Freres de Chartres se sont chargés de donner à tes parents tous les secours dont ta mort les privoit, & qu'ils ont refusé (1), par générosité, de partager avec les autres Gardes Nationales un devoir aussi sacré qu'honorable à remplir. Nous avons répandu nos larmes sur ta cendre! permets que maintenant nous soyons tout entier à la pompeuse cérémonie qui se prépare.

Au milieu du Camp, que l'Armée fédérative formoit en bataillon carré, s'éleve un Autel majestueux, surmonté d'un dais brodé en or, & soutenu par quatre colonnes, revêtues en taffetas aux couleurs de la Nation. Cet Autel ainsi placé au milieu d'une vaste prairie, donne l'idée que le plus beau Temple du Dieu qu'on va invoquer est l'univers. Deux longs amphithéâtres, placés parallelement sur les côtés du Camp, & couverts d'une foule innombrable de Citoyens, rappelloient ces fêtes si célebres où la Grece entiere sembloit se réunir sous l'égide de la

(1) Dans le premier moment cependant tous les Députés des différents Détachements, un grand nombre de Gardes-Nationaux, quelques-uns d'entre nous, & tous nos Cavaliers, se sont empressés de subvenir aux secours dont la mort de ce Citoyen précieux privoit sa famille... Nos Freres d'Armes ne nous eussent pas permis de laisser subsister cette note, lors de la lecture que nous leur avons faite de ce Journal. Aussi ne l'avons-nous rédigée que depuis, & absolument à leur insu. J'aurai ménagé leur délicatesse, & ne me serai point écarté de l'exactitude que je me suis imposée dans le récit des faits intéressants.

liberté pour chanter ses bienfaits ; ou plutôt offroient le magnifique tableau d'un Peuple de Freres & d'Amis, tous occupés du même objet, de la riante & prochaine perspective du bonheur public. L'assiduité de leur attention ne refroidissoit pas l'enthousiasme d'un si beau moment ; mais les nuages épais qui déroboient l'aspect du Soleil, & d'où partoient les éclairs qui précédoient les tonnerres qui se faisoient entendre, ajoutoient aux réflexions religieuses des assistants..... C'est avec cet appareil que Dieu dicta sa loi sur le Mont-Sinaï......

La Messe est célébrée par l'Aumônier (1) de la Garde Nationale de Chartres..... Il chante très-intelligiblement : *Domine, salvam fac Gentem ; Domine, salvam fac Legem ; Domine salvum fac Regem.* Toute l'Armée & tous les Patriotes assistants lui répondent avec un transport religieux ; il leur donne la bénédiction & descend de l'Autel.

Le Président de l'Assemblée fédérative y monte à son tour, fait, à haute voix, la lecture du serment, & s'écrie le premier : *je le jure.* Tous les Députés & tous ceux qui étoient invités à la cérémonie répetent : *je le jure.* Alors le Président fixant la formule du serment à la pointe de son épée, la tient ainsi suspendue jusqu'à ce que tous les Détachements de l'Armée soient défilés ; & tous les Soldats Patriotes, en passant devant l'Autel, levent la main droite en signe de leur adhésion au serment qui vient d'être prononcé.

---

(1) Religieux Bénédictin des SS. Peres.

Toutes les Troupes fédérées ont repris leur premiere position , l'Autel devient libre ; tous les Citoyens , sans distinction , témoins de ce qui vient de se passer , s'y précipitent en foule : ils y portent le baiser de paix , & s'unissent ainsi à leurs Freres d'Armes , qui , profitant du repos que leur accordent leurs Commandants , mettent leurs armes en faisceaux , & forment des rondes au bruit des Tambours & des cris redoublés de vive les Freres de Chartres , de Louviers , de Paris , d'Evreux , de Versailles , de Dreux , d'Orléans , de Nonancourt , de Rouen , de Saint Lubin , de Château-Neuf , &c. La joie regne dans tous les yeux ; ceux que leur âge ou la foiblesse de leur sexe empêchent de se mêler aux danses rapides de leurs Concitoyens & de leurs amis , les animent du geste & de la voix. Quelques Religieux & d'autres Ecclésiastiques, que la curiosité, ou plutôt que le civisme avoit attirés à cette fête , sont entraînés & disparoissent dans les tourbillons qui les enveloppent. On leur fait ceindre le baudrier : ils avoient déjà arboré la cocarde. Aucun ne se présentoit au Camp sans cette marque distinctive d'un bon Patriote. La joie va toujours en augmentant. L'orage , qui approchoit de plus en plus , ne ralentissoit pas les mouvements ; mais enfin les nuages amoncelés , & sans doute ébranlés par nos chants d'alégresse , s'entr'ouvrent & tombent en torrents de pluie. La foule alors cherche un abri. Les Soldats Patriotes restent auprès de leurs armes , & loin de murmurer de se voir inonder , chacun de nous, reconnoît dans cette pluie abondante, un nouveau bienfait de la Providence; qui avoit attendu peut-être un aussi beau moment pour donner à la terre, altérée par une longue sécheresse, de nouveaux sucs pour suffire à la nourriture des fruits nombreux & superbes dont elle est couverte cette année...... Graces immortelles soient rendues au Très-Haut!..... Le soleil reparut plus vif & plus brillant deux heures après l'orage. La soirée fut une des plus belles dont on puisse jouir dans cette saison. On retourna au Camp de fédération; ce n'étoient de toutes parts que danses & festins. Tout ce qui peut gêner la liberté & amener la licence paroissoit banni de ces assemblées, qui, pour être tumultueuses & gaies, n'en étoient ni moins agréables, ni moins décentes. On ne s'est séparé que bien avant dans la nuit, & l'on n'a point entendu dire que le repos des Citoyens ait été troublé en rien. Qui pourroit, dans de pareils moments, s'occuper d'actions coupables ou même répréhensibles?

La matinée du lendemain de ce beau jour fut consacrée à l'Eternel. Toute l'Armée fédérative assista à la procession du S. Sacrement. Notre détachement marcha jusqu'à un reposoir couronné par une pyramide triangulaire, portée sur trois colonnes, aux couleurs de la Nation. Sur la face de la pyramide on lisoit ce mot sacré : *Patrie*. Sur la face, du côté droit, ce mot si respectable : *Loi*, & sur la troisieme face, ce mot si cher aux bons Français : *Roi*. Delà nous revînmes à la Cathédrale, où nous nous rangeâmes en bataille ſous la principale Nef, & à l'alignement de la porte du Chœur. On célébra une Meſſe en muſique ; on chanta le *Te Deum*, pendant lequel on bénit pluſieurs Drapeaux de différentes Gardes Nationales. Les Drapeaux de tous les Détachements étoient dans le Chœur, avec leurs Gardes d'honneur.

Après toutes les cérémonies religieuſes, chacun de nous mettant ſon chapeau ſur ſa baïonnette, ou ſur la pointe de ſon ſabre, ou ſur celle de ſon épée, & l'élevant ainſi perché le plus haut qu'il lui étoit poſſible, cria : *vive la Nation : vive la Loi : vive le Roi : vive la Fédération Chartraine.* Les Chanoines même, il faut leur en tenir bon compte & les en féliciter ; les Chanoines même nous imiterent en exhauſſant leurs bonnets carrés ; & ils venoient d'être inſtruits par les papiers publics du Décret qui ſupprime les Chapitres...... Mais quel eſt le Citoyen honnête & véritablement religieux, qui n'oublie pas ſon intérêt perſonnel & qui ne le ſacrifie pas au bonheur public ?

Notre départ de Chartres eſt fixé pour le lendemain 11 Juin. Nous comptions d'abord reprendre abſolument la même route pour revenir à Rouen ; mais les vives ſollicitations du Commandant, & de toute la Garde Nationale de Château-Neuf-en-Thimerais, ne contribuerent pas peu à nous faire changer de réſolution. Notre Commandant ſe chargea de voir celui de la Garde de Dreux, & de ſe concilier avec lui, en préſence du Commandant de

Château-Neuf. Il se fit ensuite autoriser par la Municipalité de Chartres pour changer sa route d'une seule journée. Au désir de voir une nouvelle Ville, & de faire sur-tout une connoissance plus intime avec des Freres d'Armes chez lesquels nous n'avions pas passé, & qui nous sollicitoient vivement de leur donner cette marque d'amitié, se joignoient d'autres motifs non moins plausibles, qui se trouvent déduits dans la lettre (1) que nous avons écrite à la Municipalité de Dreux, & que nous transcrirons ici pour satisfaire tous nos Freres d'Armes, & redresser les récits de quelques conteurs malveillants.

» MESSIEURS,

» L'accueil amical & fraternel que nous avons
» reçu de vous & de tous nos Freres d'Armes de
» Dreux, nous fait regretter sincérement de ne pou-
» voir prendre notre route par votre Ville pour nous
» en retourner à Rouen. La marche continuelle &
» les exercices que nous faisons depuis huit jours,
» ont tellement épuisé les forces de la plus grande
» partie de notre Détachement, que ce ne seroit peut-
» être qu'aux dépens de la santé de plusieurs de nos
» Camarades, que nous tenterions la longue journée

(1) C'est notre Camarade Ebrand, commandant le détachement de la Cavalerie, qui se chargea de remettre cette lettre, & qui l'a remise, dès le jour même de sa date, à MM. les Officiers Municipaux.

» de Chartres à Dreux. C'est sur-tout cette puissante » considération qui nous a déterminés à diviser notre » route en deux journées, de cinq lieues seulement » chacune, pour aller d'ici à Nonancourt, en passant » par Château-Neuf-en-Thimerais. Nous osons nous » flatter que vous nous rendez assez de justice pour » en être intimement convaincus, & nous vous » prions de vouloir bien en donner l'assurance à » tous nos Camarades de Dreux. Nous nous félici- » tons d'avance de leur témoigner à notre tour, le » 29 de ce mois, tous les sentiments patriotiques » qui doivent unir à jamais tous les bons Français » entr'eux, & n'en faire qu'un peuple de Freres in- » dulgents & d'amis généreux.

» Nous avons l'honneur d'être avec la plus vive » & la plus respectueuse reconnoissance,

» Messieurs,

» Vos très-humbles, &c.

Chartres ce 11 Juin 1790. » les Officiers & Fusiliers du » Détachement de la Garde » Nationale de Rouen. «

D'après cet exposé exact de la conduite que nous avons tenue avec nos Freres de Dreux, nous nous croyons dispensés d'entrer dans une plus grande justification. Notre cœur ne nous reproche rien : avec un tel garant nous pouvons nous mettre aisément au-dessus des faux rapports & des propos des langues envenimées. Les nouvelles preuves d'amitié que nous avons reçues à notre retour de nos Freres d'Evreux & de Louviers ajoutent à la sécurité que nous inspire la bonne opinion que notre Détachement se flatte d'avoir laissé de lui par-tout où il a passé.

Après toutes les précautions dont nous venons de rendre compte, nous sommes partis de Chartres à six heures du matin, avec les Détachements de Nonancourt, de Saint Lubin & de Château-Neuf-en-Thimerais.

Notre Détachement s'étoit rassemblé dans le cloître des Bénédictins, sa place d'armes ordinaire pendant son séjour à Chartres. Les bons Religieux de cette maison lui donnerent un bon déjeûner avant son départ. Nous les en avons remerciés, & nous les en remercions encore aujourd'hui.

Nous nous sommes attendus ce jour-là, pendant plus de deux heures, à voir fondre enfin sur nous l'orage qui balançoit sur nos têtes; mais bientôt les nuages se diviserent & se retirerent vers les deux horizons. Nous en avons été quittes pour quelques gouttes de pluie, dont nous ne parlerions pas si nous ne poussions l'exactitude de nos récits jusqu'au scrupule. Il ne nous est arrivé d'autre accident que de voir la voiture de nos bagages renversée en quittant la grande route de Chartres pour prendre le chemin de traverse qui conduit à Château-Neuf. Personne ne fut blessé: nous relevâmes, à force de bras, la voiture, qui n'avoit éprouvé aucun échec,

& nous continuâmes nôtre route gaiement.

Combien nous avons dû nous applaudir d'avoir pu nous rendre aux pressantes sollicitations du Commandant de Château-Neuf ! Il avoit envoyé des Couriers, dès la nuit précédente, pour annoncer notre arrivée. La Garde étoit sous les armes, & nous attendoit avec l'impatience de l'amitié. Après avoir été reconnus nous nous sommes mis en ordre sans distinction d'uniforme, & sommes entrés ainsi dans la Ville. Tous les Habitants étoient placés sur les côtés de notre passage, ou garnissoient les croisées d'où ils pouvoient nous appercevoir. C'est à qui d'entr'eux nous témoignera l'accueuil le plus gracieux. Nous entendions vibrer de toutes parts : *vive nos Freres de Rouen*, & nous ripostions : *vive nos Freres de Château-Neuf.*

Dès que nous eûmes déposé nos armes chez nos hôtes, chacun d'eux nous ramena au banquet qui nous étoit préparé au milieu de la plus belle rue de la Ville. Tous les Freres d'Armes y prirent séance ; nous étions plus de deux cents à table, & tous servis aussi délicatement que proprement.

J'oubliois de dire qu'à notre arrivée les Officiers des Détachements avoient été rendre visite aux Membres du District & aux Officiers Municipaux. Ces Magistrats, parmi lesquels on voyoit des Cultivateurs, dont la contenance annonçoit la candeur, dont la tête, blanchie par les années, annonçoit la sagesse & l'expérience du travail, prirent place au banquet civique. Nous y fîmes asseoir deux

bons

bons & anciens Eccléfiaftiques, une Sœur Hôfpitaliere. Nous bûmes tous à la fanté de la Nation, à celle du Roi, à celle de tous les Eccléfiaftiques *Patriotes*. L'époufe de M. le Commandant de Château-Neuf vint trinquer avec nous.... Repas fi vantés à Lacédémone, vous étiez éclipfés par celui qu'on nous donnoit à Château-Neuf en Thimerais! Vous n'avez tout au plus que le mérite d'avoir fourni l'idée de ceux où fe raffembleront bientôt & fréquemment les vrais Patriotes, les bons Français!

La danfe qui fuivit ce repas auroit duré jufqu'au lendemain, s'il ne nous eût pas fallu partir pour Nonancourt, & y arriver de bonne heure pour revoir les hôtes qui nous y avoient fi bien reçus, & pour rendre vifite à madame de Saint-Ean, qui comptoit fur la parole que nous lui avions donnée avant notre départ pour Chartres. Perfonne ne fut trompé dans fon attente. Nous retrouvâmes au château de Saint-Lubin les mêmes plaifirs qui nous avoient fait défirer d'y retourner. Nous en avons témoigné notre fincere reconnoiffance à madame de Saint-Ean, & nous lui en renouvellons aujourd'hui l'affurance.

C'eft à Nonancourt que notre premier Commandant nous a quittés. Il nous a paru que ce projet étoit entré dans fes arrangements avant de fortir de Rouen, & que notre Commiffariat en étoit inftruit. Nous le vîmes prêt cependant à y renoncer; & s'il n'eût pas donné fa parole d'honneur de fe rendre à jour fixe à Laval, nous fommes perſuadés qu'il ſeroit rentré avec nous dans Rouen. Il écrivit au Commiſſariat pour lui annoncer que nous arriverions le Mercredi 16 Juin. Il lui faiſoit l'éloge de ſes Freres d'Armes, & lui témoignoit ſes regrets d'être obligé de les quitter en route. Ce n'eſt au moins qu'après nous être donné des marques réciproques d'eſtime & d'amitié que nous nous ſommes ſéparés..... M. Eſſillard, notre Capitaine en ſecond, a pris le commandement.

De Nonancourt à Evreux, après la halte que nous venions de faire dans le village de Chavigny, nous ne nous attendions pas à trouver un nouveau ſujet de ralentir notre marche. Notre premier paſſage au moins ne nous donnoit pas lieu de le ſoupçonner. Mais nous étions encore à quelque diſtance de Marcilly-la-Campagne, lorſque nous entendîmes une décharge de mouſqueterie. Nous étions loin de nous imaginer que ce fût en l'honneur de notre Cavalerie, qui nous précédoit un peu dans ce moment. Nous ne tardâmes pas en être inſtruits. Quelques-uns de nous qui marchoient en avant, & qui avoient pris une autre route que la Cavalerie, furent bientôt rejoints par un grand nombre des Habitants de Marcilly, qui les engagerent, de la maniere la plus obligeante, à venir prendre quelques rafraîchiſſements : ce qui fut accepté à la ſatisfaction de ces braves Cultivateurs. A leur départ nos Freres d'Armes, qui formoient alors en quelque ſorte notre Avant-Garde, ſe mirent en ordre, & reçurent les honneurs militaires avec une double ſalve de mouſqueterie.

Celui qui commandoit ces Guerriers-Campagnards connoissoit le service militaire ; il avoit été Sergent, nous ne savons dans quel Régiment ; mais qu'importe. Il ne fut pas plutôt assuré de l'approche du gros de notre Détachement, qu'il alla poser des sentinelles avancées, qui s'acquitterent très-bien de l'ordre qu'elles avoient reçu. Nous n'entrâmes dans Marcilly qu'après avoir été reconnus ; & en nous versant rasade, le Commandant de cette nouvelle Garde Nationale nous dit : » Freres de Rouen, nous » sommes flattés de voir que vous nous reconnois- » sez pour vos Camarades, pour vos amis, & que » vous voulez bien vous allier avec nous. Comptez » sur la force & sur la sincérité des sentiments qui » nous unissent pour toujours. Nous sommes en état » d'envoyer trois cents hommes à votre secours dans » le moment où vous nous y appellerez, ou que nous » croirons que vous en avez besoin....... « Ce discours fraternel & pathétique fut applaudi de tous les Habitants, enchantés de l'effet qu'il fit sur nous. On se donna de nouvelles assurances d'amitié ; & ce fut après s'être juré un secours mutuel, qu'on se quitta au bruit de l'artillerie & des bénédictions de nos Freres d'Armes de Marcilly-la-Campagne.

Après un tel récit, qu'on nous demande à quoi servent ces fédérations multipliées ?..... Cœurs froids ou faux qui nous faites cette question, hommes apathiques & Citoyens sans énergie, qui blâmez ou qui affectez d'être indifférents sur les démarches de nos Freres d'Armes ; apprenez que ces fédérations servent à unir tous les bons Français d'une extrémité de l'Empire à l'autre ; à lier étroitement les Villes voisines entr'elles ; à rassembler en un instant une nombreuse armée, toujours prête à voler au secours de ses Freres ; à former une masse d'Amis capables de renverser tous les complots des perfides ennemis de la Nation ; à vous imposer enfin silence à vous, lâches détracteurs de notre zele & de notre civisme ! ..... Continuons notre route, dont malheureusement de trop justes réflexions nous ont détournés un instant.

Il étoit près de cinq heures du soir quand nous découvrîmes Evreux. Nous en étions encore environ à une lieue de distance. Si nous ne nous fussions pas rappellé l'accueil que nous avions reçu de ses Habitants, nous aurions eu lieu de nous étonner du grand nombre de ceux qui accouroient à notre rencontre. Nos Freres d'Armes les avoient devancés, & nous attendoient depuis onze heures du matin. Nos embrassements n'en furent que plus vifs. L'attente a toujours ajouté au plaisir qu'on éprouve en revoyant ceux qu'on aime & qu'on estime. Quel coup d'œil ravissant s'offroit, de quelque côté que nous portassions nos regards ! Les endroits les plus élevés, & d'où l'on pouvoit nous appercevoir de plus loin, étoient couverts de Freres & de Patriotes. Le ciel étoit sans nuages, & nos Amis étoient exposés depuis long-temps aux rayons du soleil : leurs épouses, même leurs filles en bravoient les ardeurs. Nous reçûmes dans nos rangs nos Freres d'Evreux, & c'est aux cris, répercutés par tous les échos, *de vive nos Freres de Rouen, vive nos Freres d'Evreux*, que nous parvînmes à la place du château, où presque chacun de nous trouva son hôte qui l'attendoit, & qui le soulagea du poids de ses armes jusqu'à sa demeure.

Le Commandant de la Garde Ebroïcienne, après avoir donné l'accolade à nos Officiers, leur dit que le Prince de Bouillon avoit retardé son dîner, & attendoit neuf à dix de nos Fantassins & trois de nos Cavaliers. Ce petit nombre ne se completta pas sur le champ. La fatigue pouvoit ralentir l'empressement qu'on auroit probablement témoigné le lendemain à se rendre à cette invitation. On ajouta que le Prince avoit envoyé des voitures au-devant de ceux qui accepteroient son dîner. Cette attention fit sortir de nos rangs le nombre déterminé des convives.

On peut se rappeller que tout le Détachement avoit été invité, pour son retour, de la part même du Prince, à dîner à Navarre, & qu'il avoit accepté cette faveur. Il pouvoit donc s'attendre que son séjour à Evreux l'en feroit jouir ; mais M. de Bouillon obligé, en sa qualité de Commissaire du Roi, de se trouver ce jour-là à l'assemblée des Electeurs qui s'étoient rendus à Evreux pour la formation du Département, ne put absolument nous recevoir. Aucun de nous ne fut donc dîner à Navarre le lendemain de notre retour à Evreux. Dix de nos Camarades seulement se sont rendus le soir au château pour remercier le Prince, au nom de tout le Détachement, des honnêtetés dont il nous avoit comblés.

Nous eûmes tous ainsi la liberté de consacrer notre journée entiere à nos hôtes. Nous nous promenâmes après le dîner aux environs de la ville jusqu'à l'heure de la Comédie, qui ne commença qu'à sept heures. La plupart d'entre nous eurent la satisfaction d'y conduire les épouses de leurs Freres d'Armes. On donna Charles IX & les trois Freres rivaux....

Nous sommes partis d'Evreux le lendemain 14 Juin, à quatre heures du matin. Arrivés au village des Planches, où nous nous étions arrêtés, lors de notre premier passage, pour rafraîchir, on nous dit que M. d'Esneval nous attendoit à Acquigny. Comme nous n'en avions pas été prévenus directement, cette annonce n'empêcha pas la plupart d'entre nous de déjeûner. Nous n'avions pas encore fini, que nous vîmes arriver le Capitaine d'Esneval, accompagné de notre Camarade Cahard, aussi Officier de notre Garde Nationale, & tous deux à pied, pour nous inviter à nous reposer dans son château. Il mit tant de bonne grace dans son invitation, qu'elle fut acceptée à l'unanimité. Du village des Planches à Acquigny il y a une demi-lieue, si même il n'y a plus. La démarche du Capitaine d'Esneval n'en eut que plus de prix pour notre cœur. Le soleil plomboit déjà sur nos têtes, & la poussiere formoit autour de nous un nuage aussi épais qu'incommode..... Nous rencontrâmes, à quelques distances delà, les trois fils du Capitaine d'Esneval, tous trois en habit d'uniforme de la Garde de Pavilly. Nous les plaçâmes à notre tête, & tous les trois voulurent absolument se charger chacun d'un lourd fusil, que trois d'entre nous leur céderent à leurs prieres.

A notre approche du château d'Acquigny on sonna les cloches de la Paroisse en volée. C'est un honneur qu'on nous a fait dans toutes les Villes à notre retour.

Notre Capitaine offrit le commandement de notre détachement au Capitaine d'Esneval; nous joignîmes nos instances pour l'engager à l'accepter, il se refusa à cet honneur, & en donna des raisons plausibles à notre Commandant, qui nous fit entrer en ordre dans les cours du château.

Quand nous eûmes reçu l'ordre de repos, le Capitaine d'Esneval nous engagea à passer dans des bosquets, que l'épaisseur de leur feuillage & leur proximité de la riviere d'Eure rendoient plus frais & plus agréables; il y fit apporter des siéges: quelques uns de nous s'en servirent, d'autres préférerent à s'étendre sur les gazons.... On nous servit des viandes froides bien restaurantes & bien savoureuses; nous fîmes disparoître en peu de temps une longue tranche de veau de riviere; nous eûmes bientôt réduit à rien, ou du moins à peu de chose, un énorme filet de porc frais, & sur-tout une hure monstrueuse d'un sanglier qui devoit avoir labouré bien des champs en sa vie. Nos dents faisoient feu, & les croûtes de pain jaillissoient de toutes parts,

Le vin blanc, le vin rouge, le cidre, le plus délicat précipitoient les morceaux : c'étoit un plaisir de voir une barque légere traverser la riviere, & aller chercher, pour nous désaltérer, les boissons les plus fraîches, déposées à l'autre rive dans une cave taillée dans le roc. On porta plusieurs santés qui toutes nous étoient également cheres : on en porta une entr'autres à nos braves Freres de Paris. Nous avions avec nous le Major de leurs Vétérants ; le Capitaine d'Esneval nous l'avoit présenté à notre arrivée : il nous riposta galamment & en bon Frere. L'un de nous s'offrit de chanter des couplets analogues à la fête, & faits par un Officier de la Garde de Louviers, pour un repas de Camarades. Nous croyons que nos Freres d'Armes, qui ont fait répéter plusieurs fois le second couplet, seront charmés de retrouver ici la chanson toute entiére. Nous allons donc la transcrire.

Air : *Vous qui d'une amoureuse ivresse*, &c.

Amis, il faut poser les armes,
Pour un moment :
Donnons quelques instants aux charmes
Du sentiment.
En ce jour Amitié fidelle,
Fraternité,
Du bon vieux temps nous rappelle
L'égalité... *Bis.*

Trois ne font qu'un, disoient nos peres,
C'est notre foi ;
Trois ne font qu'un, disent nos Freres,
C'est notre loi,

Tout ne fait qu'un, j'aime à le croire :
Sans tant de frais,
Amis, bornons-là notre histoire,
Et buvons frais... *Bis.*

Buvons à tous nos Camarades,
Nos bons Amis ;
Buvons à toutes les cocardes,
De ce pays ;
Faisons en leur honneur & gloire
Couler le vin :
A leur bonheur je voudrais boire
Jusqu'à demain.... *Bis,*

Nous répétions encore le dernier couplet, lorsqu'on vint nous avertir que nos Freres de Louviers nous attendoient; nous demandâmes alors au Capitaine d'Esneval la permission de le quitter deux heures plutôt que nous ne lui avions promis : il étoit près d'onze heures; mais avant de sortir du château, nous acceptâmes la proposition qu'il nous fit d'aller voir l'Eglise. Qu'il nous suffise de dire que ce petit Temple mérite d'être vu, & que de la grande route on y parvient par une superbe avenue qui en rend l'entrée plus majestueuse : nous ne nous contentâmes pas de le visiter en curieux. Une idée religieuse vint à chacun de nous : d'abord nous nous proposâmes d'entonner *Te Deum* ; mais les circonstances ne nous permirent que de chanter la Priere Nationale, adoptée depuis que les choses sont rentrées dans l'ordre, & qu'on ait assuré qu'elles y resteront : *Domine salvam fac Gentem* ; *Domine salvum fac Legem* ; *Domine salvum fac Regem*. Nous fimes ajouter : *Domine salvos fac Delegatos nostros*, priant *in petto* pour la persévérance de la majorité & la conversion de la minorité.

Le Curé ne se sentant pas la voix assez forte pour combler nos désirs, envoya chercher son Vicaire, qui se rendit sur le champ à nos vœux, mit son surplis & vint au pupître. Sa voix mâle & bien nourrie répond à la grande & belle stature de son corps ; il pourroit ceindre le baudrier & porter aisément le plus lourd bonnet de Grenadier; nous pensons qu'au besoin il ne s'en défendroit pas. Après lui avoir fait nos compliments, & avoir présenté nos remerciements à M. le Curé, nous rejoignîmes notre Drapeau ; chacun reprit ses armes, & le Major des Vétérans Parisiens ayant accepté de nous commander, nous sortîmes du château dans le même ordre que nous y étions entrés, & avec les mêmes honneurs. Ce ne fut pas toutefois sans avoir chanté de nouveaux couplets, que nous allons tout bonnement copier ici comme une nouvelle preuve de notre exactitude & de notre franchise dans nos récits. Ils ont été faits par le même Auteur pour la Fédération de Chartres.

Air : *Avec les jeux dans le Village*, &c.

Livrons nos cœurs à l'alégresse
Que nous inspire un si beau jour:
Des Grands qui nous fouloient sans cesse,
Nous triomphons à notre tour.
Bouffis d'orgueil & d'arrogance,
Ils se croyoient des demi-Dieux,
Et leur criminelle existence,
Multiplioit les malheureux... *Bis.*

Les hurlements du fanatiſme
Ont vainement frappé les airs,
La Nation, du deſpotiſme
A pour jamais briſé les fers.
Les perfides Ariſtocrates
Enfantent des projets nouveaux ;
Mais de leurs ames ſcélérates
Nous craignons peu les noirs complots. *Bis.*

Pour l'intérêt de la Patrie
Soyons armés, ſoyons unis ;
Et, s'il le faut, perdons la vie
En combattant ſes ennemis.
Que notre glorieux civiſme
Encourage nos deſcendants,
Et que les faits de l'héroïſme,
Rempliſſent nos faſtes brillants. *Bis.*

Fiers de notre nouveau ſervice,
Encouragés par la beauté,
Qui ne feroit le ſacrifice
De ſes jours pour la liberté ?
Gloire! Amour! Liberté! Patrie!
De la France ſoyez les Dieux,
Et d'un bonheur digne d'envie
Préparez le cours glorieux. *Bis.*

Nous ſommes ſortis du château d'Acquigny ; mais le Capitaine d'Eſneval & ſes amis ſont toujours avec nous. A quelque diſtance du château nous ſommes arrêtés par un homme ayant cheveux & barbe gris, qui nous demande la permiſſion de nous chanter quelques couplets de ſa compoſition. Cet homme s'appelle le Prince d'Ailly, & eſt Ménétrier de ſon métier. Il lui manque beaucoup de dents ; mais au ſurplus il jouit d'une bonne ſanté, qui lui permet d'être d'une grande & franche gaieté. Nous penſons que ces renſeignements ſur ſon compte ſont ſuffiſants, & nous n'en avons pas pris d'autres. Notre mémoire ne nous rappelle pas la tournure de ſes Couplets, ni l'air ſur lequel ils ſont adaptés ; vous ne les trouverez donc pas ici : nous nous ſouvenons ſeulement, & il faut s'en contenter, qu'ils ſont la ſatyre des ennemis de la révolution, des accapareurs de grains, & de ceux qui ont fait paſſer le numéraire dans les pays étrangers. Il y en a un dont le refrein eſt : *Vive la Nation, vive le Roi*, pour leſquels le Poëte aſſure, dans ſes Vers précédents, que tout bon Français eſt prêt à donner ſa vie. Nous avons fait pour celui-là grand chorus.

Pluſieurs d'entre nous embraſſerent ce bon Citoyen ; on le prit ſous le bras, & chemin faiſant il répétoit ſes couplets. Il nous quitta lorſqu'il fallut nous remettre en ordre à l'approche de l'ancien Couvent des Pénitents de Sainte Barbe, dont la pénitence eſt finie. Ce Couvent eſt à la diſpoſition de la Commune ; il préſente, en un mot, aujourd'hui plus d'objets d'utilité qu'il n'en préſentoit il y a quelques mois. C'eſt dans cet endroit que nous attendoient nos Freres de Louviers. Une Sentinelle d'environ trois pieds & demi de haut, cria ſur nous qui vive ? nous étant fait reconnoître, ce Grenadier ſans mouſtache, mais auquel il en viendra ſans doute, forçant alors encore plus qu'il ne l'avoit fait au *qui vive*, ſa charmante petite voix enfantine, répliqua avec transport, & en faisant une gambade : *quand il vous plaira.*

Les Freres qui n'étoient pas sous les Armes, & qui s'étoient réservé de nous recevoir, accoururent à notre rencontre. Chacun d'entr'eux cherchoit le Camarade qu'il avoit reçu chez lui à son passage, & ne tardoit pas à le trouver, parce que celui-ci se précipitoit au-devant de son hôte. Après les preuves les moins équivoques de fraternité, nous reprîmes nos rangs & défilâmes en bon ordre devant un nombreux détachement, & particuliérement devant une vingtaine d'enfants Citoyens Soldats, tous en habits d'uniforme, & commandés par un de leurs Camarades, par le fils du Commandant de leurs peres. Nous entrâmes bientôt dans le Couvent de Sainte Barbe, ayant à notre tête la Musique de nos Freres de Louviers, qui avoit célébré notre arrivée, du plus loin qu'on nous avoit apperçus, par des fanfares harmonieuses & choisies.

Si nous fussions entrés sur le champ dans Louviers, nous nous serions trouvés nécessairement dispersés ; mais nos Freres voulant, au contraire, se trouver réunis une bonne partie de la journée, nous engagerent à rester à Sainte Barbe, & d'y attendre les rafraichissements & le dîner qu'ils alloient y faire apporter. Les mêmes motifs qui leur dictoient cette proposition nous la firent accepter. Pour nous faire passer le temps plus agréablement, & entretenir notre gaieté, la Musique exécuta plusieurs symphonies. Nous entendîmes sur-tout avec plaisir une clarinette qu'accompagnoit ſeulement un tambour-de-baſque, & qui nous joua d'une maniere auſſi nette qu'agréable pluſieurs airs connus que noús frédonnions, comme c'eſt l'uſage des amateurs.

Nous avions pris chez le Capitaine d'Eſneval les forces néceſſaires pour aller juſqu'au ſoir ; mais ſur les quatre heures nos Freres de Louviers nous prierent de paſſer dans le cloître, où nous trouvâmes une table ſolidement garnie. Il n'y avoit pas un nombre ſuffiſant de ſieges pour tous les convives ; les Freres de Louviers voulurent que les Freres de Rouen fuſſent aſſis ; il fallut céder : les Freres de Louviers étoient debout & ſervoient les Freres de Rouen. Voilà ce qui s'appelle faire les honneurs de chez ſoi !

Ce ne fut qu'après ce repas, auquel préſidoit la cordialité la plus franche & la mieux ſentie, que nous nous ſommes acheminés pour Louviers, où nous ſommes entrés après une demi-heure de marche. Nous avons retrouvé dans cette Ville les jouiſſances que la fraternité, mot de raliment pour tous les bons Français, nous avoit procurées dans toutes les Villes par leſquelles nous avions déjà paſſé.

Arrivés ſur la place d'Armes de Louviers, nous poſons les armes. Les mains de nos Freres s'uniſſent aux nôtres. Le cercle ſe forme, s'étend & ſe met en mouvement, au bruit des tambours & au ſon des inſtruments. La répétition de ces rondes n'eſt point fatigante. Le plaiſir de ſe revoir & de ſe le prouver offre toujours de la variété & un nouveau charme... Demain nous quitterons Louviers ; mais demain nous reverrons nos Freres de Rouen ! Que leur impatience de nous revoir doit être grande & flatteuse, si elle égale la nôtre !... Mettons-nous donc demain en route, dès quatre heures du matin ; nous ne pouvons trop tôt voler à leur rencontre & recevoir leurs compliments de félicitations... Freres de Louviers ! ne nous sachez pas mauvais gré, si ces douces idées nous occupoient même au milieu de vous ! elles adoucissoient au moins le regret que nous avions de vous quitter. Nous revenions après quinze jours d'absence, nous ne dirons pas de fatigues, dans le sein de nos épouses, dans les bras de nos parents, de nos amis ; nous allions embrasser nos enfants, & à cette attente si propre à nous consoler de notre départ, nous ajoutions la certitude de vous revoir bientôt au milieu de nous !

C'est dans Louviers, la veille de notre départ, que nous avons reçu une députation de nos Freres d'Armes de Pont-de-l'Arche. Comme nous aurons occasion d'en développer l'objet dans le paragraphe suivant, si nos lecteurs désirent le connoître, nous les prions d'y passer.

Trois heures de repos nous suffisent : le Tambour nous éveille ; nous partons à quatre heures du matin. Les Freres de Louviers nous conduisent jusqu'au fameux endroit de la Fringale, & là il faut prendre des préservatifs contre les attaques d'un mal dont ce lieu n'auroit certainement jamais pris le nom qu'il porte aujourd'hui, si les Freres de Louviers y eussent toujours reçu leurs Freres de Rouen... Il faut enfin se séparer ; mais alors les adieux qu'on se fait, le verre à la main, sont moins tristes... Tels sont ceux que nous recevons & que nous rendons... Au revoir, Freres de Rouen ! Au revoir, Freres de Louviers.

Déjà nous découvrons Pont-de-l'Arche... Encore trois ou quatre heures au plus, & nous sommes à Rouen ! Nous marchions avec la célérité des hommes qui vont revoir le plus cher objet de leurs désirs... Qui voyons-nous, à plus d'une demi-lieue, s'avancer vers nous ? Ce sont, sans doute, nos Freres de Pont-de-l'Arche, qui ont eu l'attention & la complaisance de députer dès la veille vers nous.. Doublons le pas... Nous nous abordons... Un de leurs Officiers nous confirme que depuis quatre jours il s'est formé une Garde-Nationale à Pont-de-l'Arche. Il nous prie d'agréer les excuses de ses Freres d'Armes, si nous n'avons pas été reçus, comme ils l'auroient désiré, lors de notre premier passage par leur Ville. Il nous invite à nous y reposer aujourd'hui, d'accepter le déjeûner qui nous est préparé, de leur accorder enfin le temps de faire avec leurs Freres de Rouen une connoissance plus intime.

Tout est accepté avec transport... Nous entrons dans la Ville, avec tous les honneurs militaires... Nos Freres d'Armes de Pont-de-l'Arche étoient au centre de notre Détachement. Nous parvenons ainsi jusqu'à la halle, où l'on avoit disposé un déjeûner qui ne laissoit rien à désirer. Les viandes froides, les laitages, les fruits de la saison & les fleurs même qui l'embellissent, l'embelliſſent, étoient ſymmétriquement rangés ſur une table en fer à cheval, autour de laquelle nous étions tous très-commodément aſſis... Deux heures à table, n'eſt-ce pas aſſez pour des Citoyens Militaires, qui ne peuvent oublier qu'ils ne ſont plus qu'à trois lieues de leurs foyers ? On ſe leve au premier ſignal du Commandant. On embraſſe ſes Freres, qui ſe félicitent de venir nous viſiter à leur tour, & qui ne mettront d'autres différences entre leur uniforme & le nôtre, que le collet rouge & les boutons aux armes de leur Ville... On reprend ſes armes... Le Détachement ſe met en marche. On fait en ſon honneur une triple décharge de trois canons... On ſe quitte à quelque diſtance de Pont-de-l'Arche, après s'être fait réciproquement de nouvelles proteſtations d'amitié & d'union, & avoir bu enſemble le vin d'adieu.

Nous ne paſſerons pas ſous ſilence que le Détachement de Dragons-Dauphin, en garniſon à Pont-de-l'Arche, eſt venu à cheval au-devant de notre Cavalerie, qui marchoit immédiatement après notre Détachement ; que ce Détachement eſt venu à la ſuite, & eſt arrivé en même-temps que nos Freres de Pont-de-l'Arche nous ont abordés. Nous apprendrons encore avec plus de plaiſir, à tous ceux qui peuvent l'ignorer, que M. de Guibert avoit eu l'honnête attention d'envoyer de Rouen, dès la veille, trois Dragons, tous trois dans les grades militaires, au-devant du Détachement, & que ces trois Députés étoient parmi les Dragons de Pont-de-l'Arche, au moment de notre rencontre...... Tous ces braves

Camarades se sont mis à table avec nous..... Plusieurs de ceux de Pont-de-l'Arche ont fait très-loin la conduite à nos Cavaliers, & ceux que M. de Guibert avoit envoyés sont rentrés avec nous dans Rouen.

Déjà nous sommes au Port-Saint-Ouen.... On nous annonce que nos Freres de Rouen sont à la Mi-Voie.... Plus de raison pour se reposer long-temps éloignés, & si près d'eux...... A la Mi-Voie nous trouvons les Habitants de cet endroit sous les Armes..... mais nous n'y voyons pas nos Freres de Rouen.....; nous recevons & rendons les honneurs qu'on nous fait.... Nous éprouvons cependant en cet endroit, il faut l'avouer, un serrement de cœur d'autant plus cruel, que c'étoit le premier de ce genre depuis notre départ de Rouen..... Quoi! nos Freres ne sont pas encore à nous attendre? Il est plus de trois heures: on leur a dit que nous dînerions à Pont-de-l'Arche.....; on ne les a pas trompés à cet égard. Des hommes qui se levent à trois heures du matin, dînent à neuf heures..... ils ne nous attendent qu'à six heures du soir..... ils partiront à quatre pour venir à notre rencontre..... Nous n'avons pas d'ordre de les attendre; courrons donc les surprendre....., & nous avons eu ce plaisir.... Plusieurs d'entr'eux cependant sont accourus au-devant de nous, à un quart de lieue de la Ville.... Tous ceux qui se faisoient une fête de nous prévenir ont eu la douleur d'être prévenus..... Freres & Camarades de Rouen, nous avons été sensibles aux regrets que vous nous avez témoignés..... Oublions tous les incidents qui nous ont mutuellement contrariés....; nous avons le bonheur d'être au milieu de vous; nous avons reçu vos embrassements.... ; vous n'avez point d'excuses à nous faire.....; vos cœurs doivent vous répondre de nos sentiments pour vous. Tous les apprêts que vous aviez faits pour nous recevoir en bons Freres & en bons amis ne seront pas infructueux. Cette Musique harmonieuse & douce qui s'est fait entendre à notre approche de la Place d'Armes, retentit encore dans nos cœurs.... Cette double haie de nos Freres placés sur notre passage, leur contenance, les sentiments qui se sont peints à notre aspect sur leurs visages, tout ce que nous avons vu enfin nous est garant que vos intentions ont été contrariées, & que votre attente a été involontairement trompée.... Ce repas, où vous avez rassemblé tous ceux d'entre nous que vous avez pu rencontrer dès le soir même de notre arrivée; les fleurs que vous nous avez distribuées; les discours honorables que vous nous avez prodigués; ces santés nombreuses & brillantes que vous nous avez portées; les scenes attendrissantes qui se sont passées pendant le repas: tous ces tableaux si touchants seront long-temps présents à l'imagination de ceux qui ont été assez heureux pour en être les objets & les témoins .. Freres & Camarades de Roumois, Felix & Riquier, qui étiez de cette fête fraternelle, recevez ici une marque particuliere de notre souvenir !....

Freres & Camarades de Rouen, nous redirons à nos Freres qui n'ont pas eu part personnellement à ce banquet civique, qu'ils étoient parmi nous d'intention....... Nous leur dirons combien vous avez regretté que la réunion ne fût pas générale. Ils nous croiront; nous ne les avons jamais trompés...... Comptez sur leur justice & sur leur générosité. Leurs sentiments ne peuvent s'assimiler qu'aux vôtres: nous sommes tous satisfaits. Il faut que tous nos Freres d'Armes le sachent, & s'en réjouissent. Il faut que notre parfaite union épouvante nos ennemis & ferme la bouche à nos calomniateurs. L'accord qui doit régner entre des Freres d'Armes & des Citoyens-Patriotes est le rempart le plus sûr de notre bonheur

& de notre liberté. Ce ne sera jamais sans attendrissement que nous nous rappellerons la Fédération Chartraine. Puissent tous ceux qui liront ce Journal éprouver, à la Fête qui se prépare à Rouen pour le 29 de ce mois, les sensations que nous ont procurées les incidents que nous venons de tracer ! C'est leur souhaiter les jouissances les plus douces & les plus délicieuses pour les vrais Patriotes & les bons Citoyens.

NOM & grades des Freres d'Armes qui se sont rendus à la Fédération de Chartres.		*NOMS de guerre de quelques-uns d'entr'eux.*

DÉTACHEMENT DE L'INFANTERIE.

Viel,	*I. Capitaine*, Commandant.	
Essillard,	*II. Capitaine*, Commandant en second.	
Berry,	*Iers. Lieutenants.*	
Barbarey,		
Rousselet,	*II. Lieutenants.*	L'Egalité.
Couturier,		
Adam,	*Sergent-Marjor.*	
Lefebvre,	*1. Sergent, Porte-Fanion.*	
Demellette,	*Sergents.*	Immobile.
Houdet,		
Poulain,		
Baudouin,		
Clément,		
Ferrand,	*Caporaux.*	La Motion.
Raut,		
Rouland,		
Adeline,		
Petitgrand,		
Helle,		L'Assignat.
Delafond,		La Liberté.

FUSILIERS.	*Noms de guerre.*
Aſſelin.	
Tinel.	
Néel.	
Burette.	
Moulins	La Tribune.
Duboſq.	
Adeline l'ainé.	
Billiard	Belle-Humeur.
Deſmareſt.	
Cartier	Va-de-Bon-Cœur.
Carpentier.	
Bedeze.	
Aubert.	
Lefebvre.	
Duqueſnay.	
Mathieu.	
Duhamel.	
Videcoq	La Félicité.
Langlet.	
Monnier.	
Pavie.	
Bergeon.	
Chapedelaine.	
Lemaire.	
Noël.	
Guillot.	
Prieur.	
Fortier.	
Coquerel.	
Lognon	Le Camus.
Simon.	
Bernier	L'Union.

DETACHEMENT DE LA CAVALERIE.

Ebran, *I. Lieutenant*, Commandant.
Désiré Curmer, *Fourier*, Commandant en second.
Mary, *Porte-Enseigne.*
Avasse, *Brigadier.*

CAVALIERS.

Prevel l'aîné.
Charles Vavasseur.
Beliard.
D'Aubigny.
Fournier.
Foloppe.
Monnier l'aîné.
Boudhen.
Vasselin (1).

(1) Ce généreux Patriote est mort quelques jours après son retour à Rouen. Il emporte les justes regrets de tous ses Freres d'Armes, qui ont arrêté de lui faire faire un Service dans l'église des Cordeliers.

NOUS Commissaires de la Garde Nationale de Rouen, auxquels la lecture de ce Journal a été faite par notre cher Frere d'Armes Delafond, après en avoir fait l'examen avec la plus grande attention, déclarons n'y avoir rien trouvé qui puisse en empêcher l'impression, sous le bon plaisir de la Municipalité. *Signés* FLEURY & BARBIER, *avec paraphes.*

NOUS Officiers Municipaux & Procureur de la Commune de Rouen, nommés par le Conseil Municipal pour lire le présent Itinéraire & en donner notre avis, estimons que l'impression de cet Ouvrage civique doit être permise. Les détails qu'il renferme offrent toujours ce patriotisme fraternel, si cher aux ames citoyennes & sensibles : le sentiment libre & abondant a tout produit & occupe sans cesse le Lecteur reconnoissant.

A Rouen le 24 Juin 1790. *Signés* Ch. DELESPINE, DUCASTEL & VIMAR, *Procureur de la Commune*, avec paraphes.

www.ingramcontent.com/pod-product-compliance
Lightning Source LLC
LaVergne TN
LVHW010059230826
846091LV00005B/2001

* 9 7 8 2 0 1 9 9 7 3 9 5 7 *